The Alphabet: Fruits and Veggies

El Alfabeto: Frutas y Vegetales

Download the EyeJack App

Scan the QR code to see the pages come to life!

Scan the QR Code with the EyeJack app to see the artwork come to life.

Hover your phone over each image to see the animations and hear the audio recordings. including the cover and back pages!

A is for Avocado.
La A es de Aguacate.

Avocado is a fruit.
El Aguacate es una fruta.

B is for Banana.
La B es de Banana.

Banana is a fruit.
La Banana es una fruta.

C is for Coconut.
La C es de Coco.

Coconut is a fruit.
El Coco es una fruta.

D is for Dandelion.
La D es de Diente de León.

Dandelion is a vegetable.
El Diente de León es un vegetal.

E is for Endive.
La E es de Endiva.

Endive is a vegetable.
La Endiva es un vegetal.

F is for Fava Beans.
La F es de Frijoles Fava.

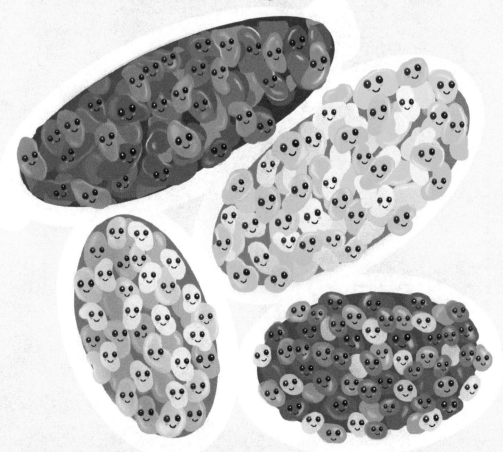

Fava Beans are vegetables.
Los Frijoles Fava son vegetales.

G is for Guarana.
La G es de Guarana.

Guarana is a fruit.
La Guarana es una fruta.

H is for Habanero Pepper.
La H es de Habanero.

Habanero Pepper is a fruit.
El Chile Habanero es una fruta.

I is for Icaco.
La I es de Icaco.

Icaco is a fruit.
El Icaco es una fruta.

J is for Jicama.
La J es de Jicama.

Jicama is a vegetable.
La Jicama es un vegetal.

K is for Kiwi.
La K es de Kiwi.

Kiwi is a fruit.
El Kiwi es una fruta.

L is for Lemon.
La L es de Limón.

Lemon is a fruit.
El Limón es una fruta.

M is for Mango.
La M es de Mango

Mango is a fruit.
El Mango es una fruta.

N is for Nectarine.
La N es de Nectarina.

Nectarine is a fruit.
La Nectarina es una fruta.

O is for Olive.
La O es de Oliva.

Olive is a fruit.
La Oliva es una fruta.

P is for Pear.
La P es de Pera.

Pear is a fruit.
La Pera es una fruta.

Q is for Quangdong.
La Q es de Quangdong.

Quandgong is a fruit.
El Quangdong es una fruta.

R is for Radish.
La R es de Rábano.

Radish is a vegetable.
El Rábano es un vegetal.

S is for Soybean.
La S es de Soja.

Soybean is a vegetable.
La Soja es un vegetal.

T is for Tomato.
La T es de Tomate.

Tomato is a fruit.
El Tomate es una fruta.

U is for Ube.
La U es de Ube.

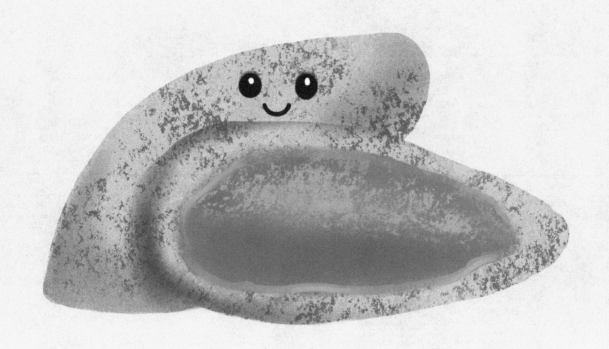

Ube is a vegetable.
El Ube es un vegetal.

V is for Vanilla.
La V es de Vainilla.

Vanilla is a fruit.
La Vainilla es una fruta.

W is for Wasabi.
La W es de Wasabi.

Wasabi is a vegetable.
El Wasabi es un vegetal.

X is for Xanthium.
La X es de Xantio.

Xanthium is a fruit.

El Xantio es una fruta.

Y is for Yuca.
La Y es de Yuca.

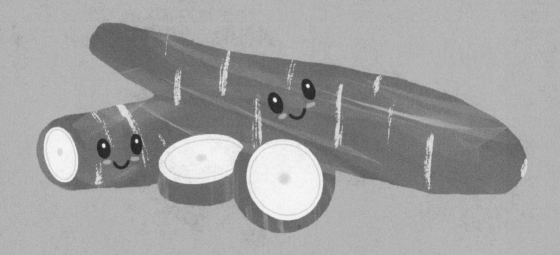

Yuca is a vegetable.
La Yuca es un vegetal.

Z is for Zapote.
La Z es de Zapote.

Zapote is a fruit.
El Zapote es una fruta.

There are 4 extra letters in the Spanish Alphabet.

Hay 4 letras adicionales en el Alfabeto Español.

Ch de Chocolate 🍫 o Charco

Ll de Llave 🔑 o Lluvia 🌧️

Ñ de Niña 👧 o Niño 👦

RR de Perro 🐶 o Zorro 🦊

CPSIA information can be obtained
at www.ICGtesting.com
Printed in the USA
LVHW060053170322
713410LV00035B/785

9 798985 817102